何にもない
豊かな生き方

サマンサ
代表取締役
川端 秀美

SOGO HOREI PUBLISHING CO., LTD

はじめに

あなたの部屋やオフィスのデスクは、今どんな状態ですか？

いつも散らかっている。片づけてもすぐに元に戻ってしまう……。必要な書類を探してデスクに山積みのファイルをひっくり返したり、そのうち読むつもりの本の山が数ヶ月そのままだったり、服はたくさん持っているはずなのに、着ていく服がないといつも悩んでいたり……。そんな状態に身に覚えはありませんか？


近年「片づけ」がとても流行しています。片づけの本がミリオンセラーになったり、片づけの仕方や、「汚部屋」と呼ばれる部屋を大変身させるテレビ番組が人気だったりして、みんな「いかにして片づけるのか」に興味津々です。

でも、ほとんどの人は一度片づけても、その状態を保つことができません。

なぜ、片づけても、捨てても捨てても元に戻ってしまうのでしょうか？
それは、**あなたの〝心の中の片づけ〟が終わっていないから**です。

心理学では、「心の中の状態は部屋に表れる」とされています。うつ病を患っている方の部屋は、ほとんどと言っていいほど整っておらず、ものが溢れかえっているそうです。

「〝心の中の片づけ〟を終える」つまり、**物ごとに対する考え方を変えて、心の在り方に変化を起こさなければ、〝片づけのループ〟から抜け出すことはできません。**

私は、お客様の自宅やオフィスの、片づけやそうじを10年以上行ってきました。
多忙過ぎて家事に時間を割けないビジネスマン、十数部屋もあるようなお屋敷に住んでいる富裕層、育児で家事に手が回らない主婦……。さまざまなお客様の自宅やオフィスを片づけてきたことで、〝片づけのループ〟から抜け出す方法に気づきました。

本書では、その方法について解説しています。

そうじをすると、人生に変化が現れます。その**変化は、人間関係、健康、仕事、運にまで及び、〝思い通りの人生の実現〟に繋がる**のです。

本書は、人生に変化をもたらすための片づけやそうじの方法と、片づけをすることで得られる**「人生を劇的に変えるための考え方」**を解説しています。

あなたが〝片づけのループ〟から抜け出し、人生を変えるキッカケを、本書でつかんでいただけたら幸いです。

川端秀美

CONTENTS

第2章　片づけをすると幸せな生き方が見えてくる

第3章　片づけの先にある〝なりたい自分〟

第4章　〝なんにもない〟豊かさに気づく

第1章

人生が変わる片づけの習慣

あなたの部屋はあなたの心の中を表していると言われています。

心が乱れているとき、部屋は乱れているものです。

そもそも散らかった部屋だと落ち着かないしリラックスできません。

だから会社帰りにカフェに寄って帰ったり、休日に用もないのに外出したり……。外出するのが「家にいたくないから」という理由では、時間とお金の無駄使いだと思いませんか？

部屋をキレイに片づけて、家の居心地をよくすれば、無駄な外出や出費はおさえることができるはずです。


部屋がキレイになると心の中が整います。そうじには心も頭の中もスッキリさせる力があるのです。心と頭から余計なものがなくなれば、やがて人間関係も整い、運気の流れも変わります。

いつ誰が来ても気持ちよく迎えられるような、そんな部屋にしていきましょう。

運を手に入れる前の下準備

「使用人数よりも明らかに多い食器」使うものはいつも決まっていませんか？
「電池が部屋のあちこちからゴロゴロ」電池の捨て惜しみ。
「いずれ雑巾で使うから」と古いタオルを溜めこんでいる。
「使えない（趣味が合わない）頂きものの食器」仕舞ったままではありませんか？
もう着ない毛皮のコートから子どもの工作や制服まで、どこの家庭にも決心がつかずに捨てられないものは意外とたくさんありますよね。

「いつか使うタイミングが来たときに、また買うのはもったいない」。そう思って捨てられずにいる人は多いのですが、保管しておくスペースをとっておくことは、家賃の何分の1かを、必要のないもののために（保管料として）支払い続けていることと同じです。

片づけができず〝老後にゴミ屋敷状態〟とならないよう、ものに埋もれた生活に陥らないようにするためにも、今のうちに捨てる習慣をつけましょう。

いざ捨てようと思ったときに、じゃまになる思考グセが**「まだ使えるかも」「たまに使うから」「高かったから」**です。この言葉が出そうになったときには、左のように考えてみてください。

①まだ使えるかも→**既に新しいものを買っていなかった？**

②たまに使うから→**〝捨てていないからたまに使っている〟だけで、本当は処分しても困らないのでは？**

③使わないけど　→**「高かったから捨てるのはもったいない」＝持っていることへの自己満足だけで実際には役立っていない＝不要品（ゴミと同じ）なのでは？**

①から③の3つの言葉が出てきたときには、それぞれを言い替えてみてください。

極めつけは、引っ越しの際やあなたの老後に、ものが多過ぎて困っている家族や自分の姿をイメージするのです。そうすることで、多少の思い入れや未練が残る品々も、思い切って処分できるはずです。

〝ものを捨てて後悔する〟ことはない

ものを捨てるときに「いつか使うかも」という発想はやめましょう。

〝ものを捨てても、後悔することはほとんどない〟ことを、この機会に経験してみてください。

本当に多くの人がものを持ちすぎています。「捨てられるものなんてない」と思っている人も、少し視点を変えれば本当に必要なもの、不要なものが見えてきます。

シンプルにすっきりと暮らしている人は、自分が本当に気に入っているものに囲

まれる本物の〝贅沢な暮らし〟をしています。それが、豊かな生き方です。

思い出の詰まった写真や処分の判断に困る説明書などは、スキャンしたり、デジタルカメラで撮影したりして、すべてデータにして保管し思い切って処分しましょう。

もらったお土産や頂きものを捨てるのは、もらった相手に申し訳ないとためらっていませんか？

逆の立場で考えてみてください。あなたが誰かにお土産やプレゼントを渡すのはどんな気持ちからでしょうか？ かわいいからつい誰かにあげたくなったり、いつも頂いているお返しだったりするのではありませんか？

相手はもの自体に執着しているのではなく、あなたに喜んでもらうことが目的だったはず。

そうであれば、もう目的は果たしているのです。

引き出物や抽選の景品、ポイントを集めてもらった品物も趣味に合わなければ不用品と同じです。いらなくなった雑貨や子どものおもちゃなどの処分に困ったら自宅の前に置いて、「ご自由にお持ち帰り下さい」と書いておけば、リサイクルにもつながります。残ったものは誰もいらないということですから、気持ちよくゴミとして捨てられます。

ゴミの日をしっかりと把握し、毎回少しずつ捨てる習慣をつけることも重要です。また、リサイクルをきっちり考え過ぎると、いつまでも処理できないことが多くなかなか辛いもの。

何ごともほどほどにして「これはなくてもいいな、使わないな……」と思うときには、積極的に捨てましょう。

〝ストック〟せず、すぐに使う

服でも食器でもタオルでも、新しいものを買ったり、ステキなものをもらったりしたら仕舞い込まずにすぐに使うようにしましょう。

お気に入りのステキなものほど、自分が普段使うものにするのです。

購入したらすぐに値札やシールなどを取って使える状態にして収納し、使っていない**古いものを捨ててしまいましょう。**

「とっておきの食器は、お客様が来たときに使おう」という発想は不要です。あなたや家族が使えば、いつもの食事が、新鮮、豪華に感じられるかもしれません。まず、自分が使って満足したほうがいいのです。食器も役割を果たすことができます。

たいてい使う食器は決まっているはずです。使わないものは、思い切って処分してもいいでしょう。その分、食器棚の見通しが良くなり、食器をオシャレに飾る余裕もでき、ワンランク上のリビングになるかもしれません。

「まだ使えるから。もう少し使ってから……」といつまでも古いものを取っていては、せっかく気に入って買ったのに、使うチャンスは遠のくばかりです。

新しく購入したときの〝ときめいた気持ち〟が新鮮なうちに使ってみましょう。お気に入りのものに囲まれて暮らす第一歩です。

ストックではなく、すぐに使う。

これだけでも、ものがあふれる現象は防げるはずです。

安いからではなく、使用目的に合わせて選ぶ

壊れたら買い替えればいいと安いものを購入する。でも壊れてもそのまま使う。使い勝手が悪くても我慢。そんなことをしていませんか？

最初から〝安いから買う〟のではなく**〝目的に合う品質を選んで購入〟**すれば、すぐ壊れることもありません。

収納家具やテーブル、ソファー。今は外国からの大型店や、大量生産のオシャレ

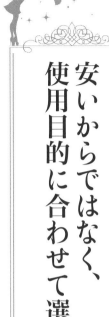

な家具を安価で購入できるようになりました。

たとえば、収納ケースなど、安いものは安いものなりに重宝するケースもありますが、イスやテーブルなどは、その**目的や使用頻度をしっかりと考えた上で、使う過程をイメージしながら購入する**ことをおすすめします。

安い家具はどうして安いのかを考えてみてください。材料も安く、見かけは良くても中身が空洞だったり、材質がもろかったり、耐重量が低かったりするものではありませんか?

耐重量が10キロのものに30キロ、40キロと負荷をかければ、すぐに壊れてしまいます。

安かったからしょうがないと処分するのもいいですが、今は処分するのにも費用がかかります。

キッチンにレースののれんをかけるくらいであれば、100円の突っ張り棒でも問題ありませんが、大量のコートやスーツをかけるクローゼットのパイプは、負荷がかかってもいいように何キロまで耐えられるのか良く見て購入しましょう。

用途や目的をイメージし、それぞれに適した家具や収納用品を購入するのです。

「当たり前のことを……」と思う方もいらっしゃるかもしれませんが、実際にできていない人が多いのです。

きちんと選ぶつもりでいても、**いざ購入するとなると手元のお金が惜しくなり、つい安いものを選んでしまいがちです。**

ものを選ぶ基準を考え直して、お金は上手に使いましょう。

服のダメージを検査する

収納する前に、きちんと服のダメージを検査していますか?

ほつれや毛玉、ストッキングの破れ……。**気に入って頻繁に着回しているアイテムほど、意外とその汚れやにおい、ダメージに気づかないもの**です。

知らずのうちに引っ掛けてしまったり、少しほつれが出ていたり……。直せばまだまだ着られるものはしっかりと補修し、外に着て行けないものは気づいたときに捨てましょう。

最近は着なくなったなと思った服でも、かつてはお気に入りでよく着ていたものは、処分したくない気持ちになるかもしれません。

でも、気に入って着ていた頃のあなたと、今のあなたは状況が違っていませんか？（もしかしたら体形も？）

お気に入りだったのは過去のこと。過去のあなたです。

その服からは、卒業しましょう。

先にも述べましたが、**ものを捨てても後悔することはありません。**

昔は、物資がなく、「もったいない」という考えが根付いていた時代もありましたが、今は時代が違います。代わりの新しいものは、比較的安価で手に入るはずです。

「ものを簡単に捨てるのはもったいない」。

そう思うのであれば、まずは〝**必要でないものを買うことがもったいない**〟と考えることをおすすめします。

整理ダンスは収納する場所？　隠す場所？

整理ダンスや収納ケースは、ものを詰め込む場所ではありません。外に出しておくべきもの（頻繁に使用するものなど）を入れるスペースです。ここを意識することからはじめましょう。

収納スペースに、毛玉ができてもう着ないセーターや、破れかかっているストッキングがありませんか？　毛玉がついていても、毛玉クリーナーで処理して再び着るのであればもちろんそのままでＯＫ。

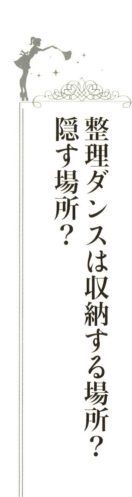

でも、

「わざわざこのセーターを選んで着ることはもうないな……」

そう思ったら、今すぐ捨てましょう。

キッチンのストック棚も同じです。ちょっと捨てただけでも見通しがよくなるし、格段に収納しやすくなります。**捨てて後悔することはありません。**

下着も服も3枚捨てたら、今まで以上に着心地のいい上質なものを1枚買うくらいの気持ちでいるのが丁度いいのです。

決断が苦手な人は、**今使っているものより、さらに着心地がいいものを購入すれば思い切って捨てる決意も生まれる**はずです。

今日は下着、明日はタオル……など、1つずつ収納を整えたら、今度は「このケースに収まるだけのものを置く」など、自分なりの収納のルールを作り、そのルールを守る生活に変えましょう。

身の周りのものが、自分の好きなもの、着心地のいいものだけになるなんて最高だと思いませんか？　量より質で選ぶと生活が楽しくなります。

整理ダンスや収納ケースは**〝使わないものを見えないように置く場所〟ではありません。〝必要なものを使いやすいように入れておく場所〟である**ことを忘れないようにしましょう。

置いているスペース分の家賃を考える

滅多に使わないスーツケースやサーフボード、グランドピアノやゴルフバッグ、引っ越して以来一度も開いていない段ボール……。先に少し触れましたが、これらに家賃を毎月いくら支払っているのか、考えたことはありますか？

「たぶん一生開けないし、使わないだろうな……」そう思ったら、思い切って処分しませんか？

もし、なかなか処分できないのだとしたら、どうしてできないのかを自問自答してみてください。**自分と向き合って改めて考えてみることで、たとえ今捨てられなくても頭の中がスッキリします。**

するとやがて捨てられる日がやってきます。

今必要なもの、これからも必要なものだけを持つことがベストなのですが、

「これは大事に取っておいているものだから」

「あとで必要になるかもしれないから」

そういった理由で、部屋に溢れるほどのものがある場合が多いものです。

たとえば、本を溜め込んでしまう人。

「老後に時間ができたら、そのときにまた読もう！」

そんな風に思っている人も多いのですが、一度読んでそれきりになる場合がほとんどです。**今必要でないものは一度処分し、必要になったときに、また購入する**という考え方に切り替えてもいいのではないでしょうか？

男性の場合、本もそうですが、レコードやフィギュアなどをコレクションする方も多いですよね。でも、せっかく集めても、ホコリまみれでは意味がありません。コレクションするのなら、キレイに飾る。ホコリまみれにならないように、しっかり管理しましょう。

そして、**たまには手に取って、今の自分に、今後の自分に必要かどうかをよく考えてみてください**ね。

女性の場合は、服を溜め込んでいる人が多いです。

特に最近、若い女性の中には、不要な服をネットオークションで売るために取っておく人がとても増えています。ただ、いつかやろうと思っていても、実際にはなかなか出品までに至っていない人も多いのです。本当にそれができる人は、休日に時間を作ってしっかりと実行しています。

いつかやろうと思っていても、なかなか手につかないのなら、お部屋をスッキリさせる方を選んでみてはいかがでしょうか？

「もったいない」

「取っておきたい」

そう思ったときには、**これから先もそのものを保管しておくために家賃を払い続けることを考え**て、それでも持っていたいものだけを残すようにしてみましょう。

捨てるかどうか判断に迷ったときの、一つの基準になるはずです。

食材のストックは〝断買〟でおいしく処分する

食材のストック棚は、2、3か月に1度、それが無理なら半年に1回、定期的に点検することをおすすめします。

まずはビニールシートを敷いて、食材を全部出してみます。するとたいていてい買い過ぎたマカロニやパスタ、缶詰や乾物などがこれでもか！というくらい出てきます。

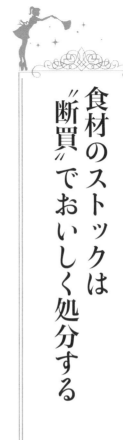

ストック棚の点検が終わったら、ストック棚にあるものを生かして、必要な生野菜だけをちょい足しし、レシピを考えてみましょう。1週間は生野菜以外の食材を買わずに過ごすのです。肉や魚は1週間くらい食べなくても平気ですし、ダイエットにもつながります。これが〝**断買**〟です。

たとえば、麻婆茄子の素とキャベツがあれば、麻婆キャベツでもいいと思います。こんな感じであるものを活用し、できるだけなにも買いません。

今までに作ったことがないような新たなレシピが生まれますし、節約もできます。さらには、パスタやふりかけなど、どんな乾物が余りやすいのかもわかるので、買い過ぎを防止することもできます。

ストック棚がスッキリ整頓されて見やすくなると、また買いものがしたくなって……、という人もいるかもしれません。

特に、コストコのような量販店での買いものには気をつけたいものです。安く買えるからと、大量に買ってしまうことや、珍しいからとあまり使ったことがないものを買うことは、おすすめしません。うまく使い切れず無駄にしてしまう可能性が高いからです。

もう一つ、買いものをしたあとに気をつけて欲しいことがあります。それは、ストックとして購入したものは、**帰宅したらすぐにレジ袋から出して所定の位置に仕舞うこと**です。

ストックをどんどん増やしてしまう人は、レジ袋に入れたまま放置しがちです。すると、何を買ったのかを忘れてまた同じものを買ってしまいます。

買いものをしたあとは、少々億劫でも、きちんと収納を済ませてから休憩しましょう。

ものに居場所をつくってあげる

爪切り、体温計、電池やハサミなど、〝ものの居場所〟を決めずにいたために、「そうじをしたら、あちこちから何個も出てきた！」ということがあります。

使った後、どこかへ無意識に置いてしまい、次に使うときには行方がわからない。そして、また新しく買ってしまう。その結果、同じものが何個も……、ということになりがちです。これでは、探す時間もお金ももったいないですよね。

ものがたくさんあると、どこに収納したのか把握できません。

把握できていないものは、ある意味不用品です。

決まった場所に仕舞ってあれば、探す時間も必要ありませんし、一つだけで事足ります。

服やタオル類、ティッシュボックスから小物にいたるまで、どこにあるのかがいつでもわかるように、**きちんと〝ものの居場所〟を決めましょう。**これを心がけるだけで、グンと生活がしやすくなります。

そのひと手間が〝いつも片づいている部屋〟のはじめの一歩です。

ホコリは上からやってくる

そうじをするとき、時計の上、ランプシェードの上、棚の上、天井についている〝見えにくいホコリ〟はチェックできているでしょうか?

お天気がいい日に窓を開けて、まずは壁をウエットタイプのシートなどでひと拭きしてみて下さい。驚くほど汚れているはずです。

「最近、照明が暗いな……」と思ったら、きっと照明の中にホコリが溜まっています。電球もひと拭きしたら、明るさが蘇ります。

見逃しがちなカーテンのホコリも今一度チェックしましょう。カーテンを動かしたときにお日様の光にきらきら、ダイヤモンドダストのようなものが見えたら要注意。今すぐカーテンを外して洗いましょう。

夏の天気がいい日であれば、洗濯機でカーテンを洗って脱水し、カーテンレールに吊るすだけですぐに乾きます。お部屋の中も柔軟剤の香りが漂い、とても気持ちのいい空間に変わります。

おそうじは床のチェックだけでなく、必ず上からを心がけましょう。

ついでに壁にも埃がつきますよ。

水周りのおそうじは苦手ですか？

トイレって汚いと思いますか？

本当にそんなに汚いものでしょうか？

毎日少しずつそうじをしていれば、「トイレ＝汚い＝そうじが大変」ではなくなります。

毎朝、便の臭い、色、カタチなどをチェックして、健康状態を確認し、流します。

そのときに便器の汚れもチェックして、ついでにおそうじ。

毎朝の習慣になれば、歯磨きと同じような気持ちで行えて苦になりません。

汚れないのでいつでもキレイな状態をキープできるのです。

トイレは、そもそも臭うところではありませんから消臭剤はいりません。必要ならいい香りを楽しむために、あなた好みの香りを選びましょう。


そうじをしてキレイになると気持ちがいいですし、汚いという感覚がなくなります。

汚れたトイレを使うのは自分です。まず、**自分が使うものはどこでもピカピカにキレイにしてみましょう。**

そうすることで、**心の汚れもキレイになっていきます。**


トイレを汚れたままにしていると、運やお金も一緒に流れてしまうと風水などで言われています。

こんなにちょっとしたお金もかからずにできることは、ぜひ実践してみましょう。
迷信だったとしても、トイレそうじをして損することはありません。

小さな積み重ねが日々をラクにする

そうじ全般に言えることですが、そうじもゴミも手がつけられないほど溜めてしまうからあとで大変になるのです。

なかなかやる気にならない場合はイメージ力です。

そうじに苦戦している自分を想像してみて、そのあとキレイなお風呂でリラックスしている姿をイメージしてください。楽しく取り掛かれるようになるはずです。

お風呂でカビを見つけたらひとこすり、カーペットにシミを見つけたらひとこすり、テレビ台にホコリがたまっていたらドライシートでひと拭き。

あとで苦労したくないなら、**「また今度やればいいや」ではなく、毎日発見する度にひと拭き、ひとこすり**です。

お風呂もトイレと同じです。入浴後には栓を抜いて、シャワーで周りをサッと流しておきさえすれば、そんなに汚れることはありません。もしも泡の入浴剤を使っていたらそれが洗剤代わりになりますし、お風呂や洗面台の鏡は、歯を磨きながらタオルでキュッキュと拭くだけ。

湯垢がザラッとしたら、お風呂用洗剤を付けてスポンジで軽くこすりましょう。

たったそれだけで、キレイな状態をキープできます。

キレイな玄関で福を迎える

家の顔とも言える玄関。
あなたの自宅の玄関は、来客があるときにすぐに人を招き入れることができますか？　新品のパンプスや靴が気兼ねなく置けるような〝美しい玄関〟になっていますか？

そもそも**玄関は、〝福〟を招き入れる入口**です。そして、**〝福〟や〝幸〟は、清ら**

かでキレイな風が通る場所にやってくるものだと思います。

ところが、その入り口が泥や砂、ホコリで汚れていれば、きっと〝福〟や〝幸〟は喜んで来てはくれないでしょう。

部屋の片づけが難しいようであれば、玄関だけでもキレイに整えることをはじめてみてください。

新聞や郵便物、ビニール傘、レジ袋に入ったままの商品。捨て方がわからず置いたままになっている使い捨てカイロ、駅前で配られたポケットティッシュなど、玄関に放置された細々としたものを処理するところからはじめましょう。

「買ったばかりのピカピカのパンプスを、気兼ねなく置けるかな？」

常にそんなイメージを持ちながら、美しい玄関を維持しましょう。

貧乏神や邪気、悪運が好みそうな汚れた玄関、埃っぽい部屋は、ダニやカビが好きな玄関や部屋でもあるのです。

収納もおそうじも自己流で

そうじや家事は、やろうと思えば（果てしなくできますし）終わりがありませんよね。

どこまででＯＫとするのかは、あなた自身が持つ清潔感の基準で決めていいのです。それによって、そうじの内容や時間をどれだけかけるのかが決まります。

１日１回なのか、１週間に１回なのか。自分のペースで掃除機をかけて、拭きそうじをしましょう。ホコリやゴミが気になってきたら、また次のおそうじタイムに、きちんと自分なりのルールでおそうじすればいいのです。

自分はどのくらいの期間で、この〝ホコリやゴミ〟が、気になるかを意識してみると、最適なそうじの頻度がわかります。


洗濯も同じです。何日か溜めると量が多いので干すのが面倒になりますし、乾いた洗濯物を畳んで収納するのもおっくうになります。

こまめに洗濯すると少しの時間で済みますし、干すのも畳むのもそんなに時間がかかりません。

ですから、**実は時間がない人、忙しい人ほどこまめにした方がラク**なのです。

家事が苦にならない人は、そもそも気がついたときにすぐ動くので、一つひとつがすぐに済んでしまいます。だから苦になりません。

苦手な人はまとめて一度に済ませようと思うから、特に時間がかかるように感じるのです。

苦にならない人がどんどんラクに、苦に感じる人はどんどん苦しく感じるのが、片づけや家事なのです。

テレビドラマを観ながら洗濯機をまわして、干して、畳む。

〝ながら家事〟でいいのです。

ただ一つのルールは〝ママメ〟にすること、溜めないことです。

家族が片づけられないとき

「せっかく私が片づけても、家族がだらしなくて片づかない！　私以外に誰も片づける人がいない!!」

親だったり、パートナーだったり、子どもだったり、他人はなかなか自分の思い通りに動いてくれないものです。

ですから、**思い通りにならないことに腹を立てるよりも、誰かに期待することをやめて自分のペースで片づけ、自分が〝誰よりも美意識を持っている〟ことに感謝**

しましょう。

いつも自分ばかりと感じるのは、家族の中であなたが一番美意識が高いからです。**自分と感覚が異なる人と同化する必要はありません。**

自分の使うグラスをピカピカに、靴もキレイに磨いてみる。自分のものやスペースをキレイにするのは、誰のためでもない、あなた自身のためです。

自分の中の「キレイにしたい！」という気持ちを大切に、そんな自分でいられることを誇りに思いましょう。

専業主婦であっても、片づけや家事が〝主婦の仕事〟ではないと思います。気がついた人がすればいいことなのです。

ですから、逆に「誰もしない！」と腹を立てても解決はしないのです。

周囲を見て「こうならないようにしよう」と反面教師にするのか、同じように同類になるかを選ぶのは、あなたです。

学ばせてもらっていることに感謝できるようになれば、そうじすることが苦にならず、気持ちよく過ごせるようになります。

キレイにしたいと思える自分を褒めてあげましょう。

キレイにするのは、誰のためでもなく自分のためなのです。

それでもできない人は……お金で解決する方法

家事代行サービス、家政婦さんなど他人の手を借りてみるのもいいかもしれません。

そうじは任せて、洗濯と料理は自分でする。

洗濯は任せて、料理とそうじは自分でする。

家事は全部任せる。

利用方法は人それぞれでいいと思います。もちろんお金のかかることですから、頻度や家の広さ、家族構成で必要な時間や料金も変わってくると思います。予算に合わせて利用すればいいでしょう。

自分の苦手なこと、時間がかかることを頼むのもいいですね。

それまで感じていた、**「時間がなくて手がまわらない」「やり方がわからない」「誰も手伝ってくれない」などの悩みが、スッキリと解決します。**それは、とても気持ちがいいものです。

「片づけや家事を他人に依頼するなんて、お金持ちの人だけなのでは」と感じる人もいるかもしれませんが、現在は気軽に利用する人も増えています。

サービス料金が高くて手が出せないと思っても試してみる価値はあります。

家事をするたびに〃サービスを利用したつもり貯金〃をし、ある程度貯まったらご褒美に依頼してもいいかもしれません。

他にも、おそうじロボットを買ってみる、性能のいい洗濯機や掃除機に買い替える、使いやすい家具を揃えるなど、片づけやそうじを簡単に済ませる工夫をしてみてもいいでしょう。

意識を変えること。はじめに少しお金がかかっても、後々すごく楽になります。

これっていいお金の使い方ですよね。

シンプルに暮らす

今の生活に満足していますか？
経済的に余裕がありますか？
したいことを楽しんでいますか？
体形は緩んでいませんか？
仕事は順調ですか？
いつも探しものをしていませんか？

人間関係に問題はありませんか？

健康状態は良好ですか？


家の中に空間があると、とても贅沢だと思いませんか？

モデルルームや、インテリア雑誌を見て、ステキだと思うのは、ものが少なくスッキリとした空間があるからです。

「生活しているとそんなわけにはいかないよ」

私もそんな風に思っていましたが、**家の中にある不用品、趣味と合わないもの、もう着ない服などを処分すると、必然的に空間のあるステキな部屋になります。**

私たちはものを持ち過ぎているのです。


ただ持っているだけのもの、もらったけど趣味じゃないもの、使っていないもの、使えないもの、思い切って全部処分しませんか？

捨てたあとで、後悔することはまずありません。

捨てるのはもったいないなんて思わなくていいのです。
捨てるかどうか迷っているものは、本当は必要のないものです。
それに、必要になったときには、最新のものを購入することができます。

部屋の中がスッキリすると、自分が持っているものを把握できます。
ものがなくなると動きやすくなります。
捨てることがめんどうになり、余計なものを買わなくなります。
いいことだらけなのです。

めんどうだからこそ、使いやすいものを選びましょう。
少しぐらい高くても、いいもの、本当に欲しいものを選びましょう。

これらを実践していると、いつのまにか片づけ上手になっています。
部屋を片づけ、整理整頓し、汚れを落としていくと、今まであんなにイライラし

ていたことが気にならなくなったり、人間関係もスムーズになったりと変化を感じるようになります。

目指せ、モデルルーム。

シンプルに暮らすという贅沢を味わってください。

「必要になれば、いつだってなんでも買える」

だから、無駄にストックはいらないのです。

第2章

片づけをすると幸せな生き方が見えてくる

あなたの周囲の人たちは、みんな幸せそうですか？

それとも、ストレスや問題を抱えてイライラしたり、ねたみや憎しみの感情を持っていたりする人たちですか？

そして、あなたの状態はどうでしょうか？


同じ言葉や行動でも、人それぞれ受け取り方や感じ方が違います。

「自分はこう思った。だからみんなもそうだ」、「一般的にはこうだ」、「これが正しい」などと一方的に決めつけていませんか？

「こうあるべき」、「普通はこうでしょう」と決めつける必要はありません。

いろんな考え方があって、誰も間違ってはいません。感じ方や考え方も人それぞれです。

だから人の意見や行動に驚いたり、ややこしくて面白かったりするのです。


「自分と相手の違いを認める余裕を持つこと」これが重要です。

余裕があれば、腰が低く穏やかな表情で、他人に対して優しく接することができます。

片づけをしたり、ものを処分したりしていると、不思議と心の乱れが整うものです。ものを捨てる、手放すことは、心の中の毒素も排出することになるのかもしれません。

不安や恐怖、怒りが出るのは余裕がなくなったとき。時間に追われたり、金銭的に苦しかったり、健康を害したりしたときなのです。

そんなときに、平常心でいられる精神力を持ちたいものですね。

幸せとはなにか？

幸せになりたい。誰もがそう思っていますよね。

じゃあ、〝幸せ〟ってなんでしょうか？

経済的な豊かさ、健康やスタイル、見た目。あれがしたいこれがしたい……。

ほとんどの場合、お金で買えるものやサービスをイメージしていませんか？

「欲しい、したい」と思うものは、必要ならば手に入るものばかりではないでしょうか？

しかし、**本当は手に入れられるはずなのに、なぜか自分にストッパーをかけてしまう人が多くいます。** 2番目、3番目に欲しいものばかりを手に入れて、1番欲しいものには手を伸ばしすらしないのです。

みなさん、自分の欲しいものや幸せのカタチすら、外からの情報に影響されているように見受けられます。あなたが欲しいと持っているものは、あなたが本当に求めているものですか？

そして、欲しいものを手に入れたときの満足度は、他人のそれと比較して減ってしまってはいないでしょうか？

幸せとはなにかとは、哲学的な話のようで難しく感じるかもしれません。

この質問へのシンプルな答えは、今あるものにありがたさを感じられること。満足すること。**今の自分が持っている幸せに気づくことです。**

実は、あなたは既に幸せなのです。

誰かと比べて「自分は我慢している」とか、「もっと高価なものが欲しい」とか、「もっと贅沢をしたい」と思ってしまう気持ちにフォーカスするのではなく、**今持っているものに目を向け、その幸せを感じることができれば、更にその先の幸せも手に入るようになる**のです。

そのためのポイントが、**あなたの心を満足させてあげること。**

幸せを感じる心（力）を元気にすることです。

既に幸せであるはずのあなたがそう感じていないのは、心が満足していないから。

ただ、**幸せを感じ取る力が弱い、**それこそもったいないと思います。

幸せな人生を歩むために

幸せな人生を歩むためには、自問自答を常に意識して自分を知ることが大切だと思っています。

自分の中のイメージを膨らませ、今の自分が何をしなければならないのか……そのイメージに近づいていくにはどうしたらいいのかを、常に意識することができればいいのではないでしょうか。

私はこれまで、さまざまな職種を経験し、いろんな人に出会い支えられてきました。イメージすることはとても簡単です。この**イメージ力を持っている人とそうでない人では、人生の充実感が大きく違う**ような気がします。

生きていく上で、このイメージ力を養うことはとても大切です。

人生は一度きりです。主役はあなた自身です。

あなたが本当になりたいのはどんな自分ですか？

本当にしたいことは何ですか？

今すぐイメージしてみましょう。

未来のあなたからのアドバイス

心を整理すると、見えてくるものがあります。
頭の中も、仕事や人間関係も、問題はすべて片づいたような気がしてきます。
つまり、余裕が出てくるのです。
そうなったら、まずは5年後、10年後の自分をイメージしてください。
笑顔で、幸せそうな自分をイメージしてください。
幸せな結婚をして、子育てをしている。

独身を謳歌しつつ、ステキなパートナーがいて仕事も充実している……。

そのイメージを現実にするために、あなたが今やるべきことを、5年後10年後のあなたにたずねてみましょう。

どんなイメージを受け取ることができますか？

結婚相手はどんな人？

その人と出逢うためにはどうすればいいの？

キャリアUPのためにやるべきことは？

なかなかイメージできない人がいると思います。イメージできたとしても、行動しなければ結果は伴いません。でも、**イメージできることは現実にできるのですから、あとはあなた次第**です。

私は若い頃、土地が欲しいとずっと言っていました。イメージは白亜の別荘、自給自足できる古民家、こじんまりしたカフェができるお家、ころころイメージが変わりました。そして今、土地だけが手に入りました。

山や海などの自然があって交通の便のいい街に住みたいとイメージしたときは、条件にピッタリ合った街にいいマンションが見つかり、すぐに手に入れることができました。

しっかりイメージして、資金、体力、時間などの準備をするために行動していれば、その通り現実になります。

ただ、迷っているとき、心が不安定なときは、3年後の自分もイメージできません。余裕がなくなっているのです。そのときも焦らないことです。

それは、自分を見つめ直すとき。そんなときがあってもいいのです。

迷っているということは、いろんな選択肢を持っているということ。いろんな可能性があるということです。

自分の中の迷いに結論が出たら、きっと未来の私がアドバイスをくれます。だから、今できることを楽しむことが大切なのです。

先の楽しみばかり追いかけていると、今この時を無駄にしてしまいます。**大切なのは今です。**

今、現実に満足しながら生きる。

努力することに満足する。

これは、今を犠牲にすることとは違うのです。

相手の印象はあなたの見方次第

父は怖い人、母は厳しい人、上司は嫌みったらしくて卑屈なヤツ、友達は自慢ばかり……。とっさに嫌なイメージばかりが頭に浮かんでしまう人は、ストレスが相当溜まっています。

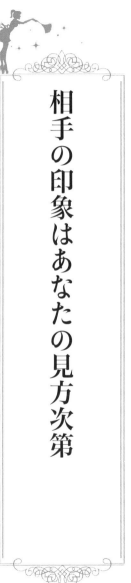

そんなときには、まず過去のイヤだったイメージを整理し、処分しましょう。従来の固定観念を捨て、柔軟な〝いいイメージ〟を持ち続けることが大切です。

あなたが主役なのですから、あなたの都合のいいようにイメージして、周囲の人の**キャラクターを再設定すればいい**のです。

先入観を持っていると、真実が見えなくなることがあります。人のウワサ話で真実が見えなくなることだってあるのです。**あなた自身が見たこと、感じたことを信じることが大切です。**

常に頭の中にいいイメージを思い描き、それを元に周囲の人たちと接していると、そのイメージが相手にも伝わります。必然的に、あなたの周囲の人への接し方も変化するのです。

「口やかましくて厳しい人。どうせ言っても私の言うことなんか聞いてくれやしない」

これを、

「私がステキな女性になれる様にマナーを教えてくれる人。相談すればいつも温かい励ましやアドバイスをくれる、本当に親切な人」

こう捉え直してみます。

無口で怖い人↓**本当はダンディで堂々としていて男らしい人**
不愛想な人↓**実は口が堅くて誠実で信用できる人**
落ち着きがなくて信用できない人↓**明るく朗らかで盛り上げ上手な人**
ウワサ話が好きな人↓**話上手でコミュニケーション力が高い人**

このように周囲の人を違う角度から多面的に捉えて、今まで気づかなかった側面を発見してみましょう。あなた自身が**なにごともポジティブに捉え、今までと異なる接し方をしていれば、そこで展開される人間関係が自然に変わります。**

「自分の力で相手を変えてみせよう」なんてものすごく傲慢ですが、〝自分の見方・接し方を変える〟ことは、できないことではありませんよね。

簡単なことではないかもしれませんが、あなたから言葉や接し方を変えれば、対人関係はこれまでとは違う結果になります。

自分を客観視する

ひどいことを言われて傷ついた、嫌な思いをした……。そんなことは数え切れないほどあるかもしれません。

でも、それを引きずって、いつまでも嫌な気持ちを持ち続けるのは辛いことです。

誰かから投げつけられた言葉や行為を心の奥に仕舞い込んでいませんか？

そんなときは、**批判をそのままネガティブに受けとめず、カメラをズームアウトさせ、一度客観視してみましょう。**

自分を見つめ直すチャンスだと捉えてみるのです。

すると、**今までに見えなかったものが見えてきます。**

独身男性のご自宅に、水周りのそうじのためお伺いしたときのことです。

散らかっているので友人も呼べないし、誰も来ていないということでしたが、なぜか、女性用のスキンケア商品や衣類などがたくさん置かれていました。

彼女もいらっしゃらないということでしたので、確認してみたところ昔の彼女のものだということでした。

処分してもいいか確認すると、「2、3年後にまた戻ってくるかもしれない」とおっしゃるのです。

そもそも、化粧品などは長期保存できるものではないこともありますが、問題はそれ以外にあります。

それは、自分に昔の彼女への未練が残っていると気づいていない点です。

きっと他人が同じような状況になっていれば、「それは未練があるのでは？」と気づくでしょう。ところが、本人は「未練はない」と思っているのです。

人は自分のことだと気づけないことがたくさんあります。それを頭に入れて、**自分を客観視するクセをつける**こと。

これが、自分自身を正確に捉え、よりよい人生を歩むための重要なポイントです。客観的に自分をイメージすれば、怒りなどで乱れた気持ちも自然と収まりますし、さらに向上するチャンスにもつながるのではないでしょうか。

〝弱さ〟を認めて自信に繋げる

弱いところを見せられない、本当は怒っているのに伝えられない……。
喜怒哀楽を明確に出せない人が増えています。
今の自分の気持ちを、とりあえず口に出し表現してみるだけで状況は変わります。
いいも悪いも必ず変化が現れます。

自分の弱いところは他人に見せた方が楽になります。そして自分の足りていない

ところを認めることが重要です。それができるようになれば、他人に優しく生きられるようになります。


悲しい、寂しいと感じたときは、声に出してみましょう。

恥ずかしがらずに素直に、差し伸べてくれた手をただつかむ。

そういう人を周りに見つけることも重要です。

そのためには、**〝自分から心を開くこと〟が肝心**です。

ネガティブに考えてしまうときもいい方向へ転換できるように頭でイメージしながら感情を出してみると、思いのほかいい結果が生まれるかもしれません。

もし、それによって相手を怒らせてしまったり、批判されたりしたのなら、自分の未熟さを認めて心から謝ればいいことです。


私は、相手の厚意は遠慮しないで素直に受け取るようにしています。

そして受け取るときは、心から「ありがとう！」という気持ちを素直に真摯に伝えています。

自分に正直に生きれば、自然と「これが私！」という自信に繋がります。

自分をごまかして我慢するのは、他人に対して嘘をつくよりもストレスが溜まるのです。

ネガティブな発想も成長の鍵になる

涙を流した分だけ人に優しくなれると言いますが、**悔し涙や怒りの涙のままでは優しいどころか、逆恨み、復讐心などをもたらしてしまいます。**

相手の気持ちや心の痛みを理解しながら、**足りない自分、弱い自分がいることもしっかりと客観視して認める。**そうすれば、自然と人にも優しくできるようになります。

ネガティブな考えは、自分を成長させる鍵になります。

まずは、どうしてネガティブな発想になったのかを自問してみましょう。

落ち込んで、落ち込んで……、「落ち込むことにどんな意味があるのか」、「落ち込んだ原因」を深く考えてみてください。

きっと、どうでもいい些細なことに執着し、こだわっていたと気がつくはずです。

無理にポジティブな発想に切り替える必要はありません。

そのうち、あなたの心を捉えて離さなかった問題も、不思議と気にならなくなってきます。

本当に大切なのは自分です。

だからこそ、自分を誤魔化さず甘やかさないでとことん落ち込んでみましょう。そのときの苦しみを知ると、二度と同じようなネガティブな発想はしなくなります。

そうして、いつの間にかポジティブ発想が、あなたの中の主流になると思います。

中途半端なまま無理に自分を誤魔化さないようにしましょう。

人生の主役は誰か？

一度きりの人生。誰かの人生のエキストラで終わるのは、あまりにも寂しくて残念……。そう思いませんか？

あなたは誰かの人生のエキストラになっていませんか？

誰にも注目してもらえないエキストラで終わってしまうなんて、そんなにもったいないことはありません。

もちろん、世界中の誰もが、王様、女王様では世の中は成立しません。

だからこそ、**いろんな主役がいていい**のです。「アルプスの少女ハイジ」のように自由なヒロイン、味のある釣りバカのハマちゃんもいいですよね。シンプルで堅実なイケメンヒーローなのか、干物女なのか、セレブで社交的なヒロインなのか。

まずは、**あなたがあなたらしく輝ける主役をイメージしましょう。**


そもそも、**自分の人生を他人任せにしてはいけません。**

たとえば、片づけを母親がやってくれるからと、人任せにすることも、自分の人生の主導権を手放してしまっていることと同じです。

誰かのせいにして、見て見ぬふりをしていませんか？

あなたの人生の舞台は汚部屋でいいのですか？


もちろん、今完璧な理想の姿になっていなくてもいいのです。

あなた自身が物語の主役になって〝行動する〟ことが肝心です。そのためには、あなたがどんなジャンル、舞台でもいいので、自信を持って自らアピールしてみましょう。

では、どうやって楽しめばいいのでしょうか？

それは、**自分の今の状況に満足すること**だと思います。

誰かに振り回されたり、抑制されたりする状況や、「自分が、自分が」と前に出ることでもありません。

自分が主役なら、関わるキャストはみんな幸せで心が豊かな方がいいと考えましょう。

そんな物語をイメージして、その物語の主役になるようにすればいいのです。

周りのキャストを幸せにし、あなた自身も幸せになる。

そんな物語をイメージしましょう。

多面的に客観視する

あなたのキャラクターや人間関係、仕事環境。これらを客観的に見つめたことがあるでしょうか？

〝自分が置かれている状態を、客観的に見つめ直す〟作業は、**目標を見失いがちなときや、日々の生活に流されてしまいそうなとき、そこから脱するために有効な方法**です。

客観視することが苦手な人は、自分や周囲のキャラクターやキャラクター同士の関係性、「いつかはこうなっているといいな」という**〝理想の人物関係図〟をイメージしてみてください。**

複雑に考える必要はありません。シンプルでいいのです。

こうすることであなたの理想のイメージは、より具体的なものへと近づいていきます。イメージが具体的になればなるほど、実際にうまくいく確率が、飛躍的に上がります。

イメージできることは、あなたが実際にできることです。

ですから、具体的にイメージしたあと、思い通りに人生を進めるのに必要なのは、行動を起こすこと。

行動をスムーズにするためにも、色んな角度から客観視することが大切です。

すると、良くない状況をいい状況へと転換することもできますし、そのために自分はどう動けばいいのかを捉えることもできるのです。

あとは、**なるべく人の影響を受けないように我が道を進んでいけばいい**のです。

だって主役はあなたなのですから……。

ここでもう一つ注意点です。

我が道を行くときも、あなたに関わる人達がなにかの犠牲に、不幸にならないように、みんなが幸せになれるような〝我が道〟を選ぶことを忘れないでください。

住みたい街や家を選ぶ

なりたい自分になるには、生活環境も大切です。

住宅街が安心できる。

スーパーマーケットや商店街が近くにあると住みやすい。

駅も近ければ言うことなし。

タワーマンションはオシャレ。

上層階は見晴らしもいい……。
あなたはどんな生活を望んでいますか？
自分が住んでいる場所に満足していますか？

あなたが選んだ街はどんな街でも、住めば都と言いますから、どこからでもスタートできます。

住んでみて、**ここは違うなと感じたらまた引っ越しすればいい**のです。引っ越しは大変な作業ですが、楽しいしリフレッシュできます。

分譲住宅だって同じことです。買ったから引っ越しできないということはないのです。**自分が住むところに損得は関係ありません。**

損得を考えるのは、投資用の不動産だけでＯＫです。

ただ、本当は住みたいところがあるのに、「家賃が高い」などで、あきらめたり、妥協したりする人がたくさんいます。

会社の近くに住めば時間の節約になりますし、あこがれの場所に住めば毎日上機嫌で過ごせます。

何にしてもやってみなければ、実際のところはわかりません。

都内のさまざまな場所のいろんな家を訪問させていただいていますが、住んでみてはじめて実情が分かるのです。

たとえば、南向きの全面ガラス張りのデザイナーズ住宅。

「こんなところに住めたら、オシャレだし毎日友人を招きたい!」

そんな風に思う人も多いでしょう。

でも実際には、水アカのケアが大変だし、日差しが入りすぎて夏場はクーラーが効かない。コンクリート打ちっぱなしの壁からは、冬場に驚くほどの冷気が漂います。

私自身、今のマンションに落ち着くまでは引っ越し魔でした。

賃貸マンションは更新せずに、その時々の状況に合わせて住む場所を変えていたのです。

その結果、自分にとって住み心地のいい家がどんなものなのかがわかり、現在は条件に合った物件を見つけて購入しました。

まずは、**あなたに何が合うのかを知ることが大切です。**

その時々の自分のニーズに合わせて、自分が本当に住みたいと思える場所に住んでみてください。

不満を持っても、できることを楽しむ

今の部屋の状況だけでなく仕事やパートナーシップなど、もしもあなたが今の現状に満足していないのなら、思い切って考え方やものの見方を変えてみてはいかがでしょうか。

満足していない状況をなんとなく続けるのは時間の無駄ですし、過去の失敗や生き方、うまくいかなかった人生のトラウマに振り回され、一歩踏み出すのを怖がっているのはもったいないことです。

実は私も、これまでさまざまな職業を経験してきました。

私は長編大作の主役というよりは、その場その場で違った状況のオムニバスを楽しむ〝短編女優タイプ〟なのかもしれません。

銀座の高級クラブのホステス、エステティシャン、テレフォンアポインター、広告代理店、店舗開発、イベンター、そして現在の家事代行業経営に至るわけですが、

「何か違うな……。本当にしたいことじゃないな」

と感じたら、違う物語を展開させていたような気がします。

けれども、あなたが今、

「私はこの仕事が好きだから、これを極めてキャリアを積んで成功させるんだ！長編のサクセスストーリーにしていくんだ！」

そんな決意を固めているのならば、あえて舞台を変える必要はありません。海外ドラマや「課長・島耕作」のように、物語をどんどん深めていってください。

もし、不満を持っているならば、**今、あなたができることを一生懸命楽しんで打ち込んでみてください。**

「こんなことをするためにこの会社に入ったのではない」、「この仕事を選んだのではない」なんて不平不満を持たない。

どんな場所にいても、どんな状況にあったとしても、あなたの心一つで希望を持って思い描くイメージは、必ず手に入ります。

いいイメージを持って、今いる場所を楽しんでください。

そのあなたの姿は、必ず誰かが見ています。

世の中捨てたものではありません。

何をしたいのかがわからないとき

私のクライアントさんの傾向を見てみると、自宅にものが多すぎて整理できていない人、うまく片づけられない人は、自分が何を望んでいるのかが明確になっていないことが多いように感じます。

そんな人は、あえて**今とは違う選択肢を選んでみましょう。**

たとえば、なんの仕事がしたいのかがわからないとき、新しい仕事は未経験のものを選択します。

なぜなら、少しでも経験のある仕事に就くと、自分なりのやり方が構築されているので、せっかく新しい職場に行っても素直になれなかったり頑固さが出たりしてしまうからです。すると、周囲の人たちとうまく交われないなど、なかなかいいことがありません。

人は少し知っているだけでも「そんなの知っているわよ」と、**自負や厄介なプライドが出てきてしまう**ものなのです。

アパレルから事務職に、事務職から資格が必要な職種へなど、これまでの経験がまったく生かせない職場に行けば、知らないだけに何でも素直に吸収することができます。相手が年下であっても自分より知識が豊富ですから、尊敬することができるでしょう。

そしてもっと大きなことは、未経験の選択をしたことで**〝新たな発見〟と出会える**ということです。

現在、私は家事代行業を営んでいますが、はじめは自分に向いていると思ってはじめた訳ではありません。

でも、いただく仕事を楽しみながら続けることで、周囲から「この仕事はあなたの天職だね」と言われるようになりました。

自分を客観視しながらも、でも一方では考えすぎず〝まず動いてみる〟こと。

そうすることで、あなたに最適なものが見つかるかもしれません。

自分を客観視することが苦手で「自分には何が向いてるのかな?」と悩んでいる人は、**新たなジャンルに飛び込むと見えてくるものがある**と思います。

人生を豊かにする時間の使い方

「スケジュールに追われない自由な生き方」、それが最も贅沢なことではないでしょうか？

それってとても幸せなことですよね。その自由な時間を何に費やすのかで、人生の豊かさが変わります。

自分の大切な人、助けを求める人のために時間を使っていると、心が豊かになるのです。


人付き合いが苦手で、いつもなんとなく寂しい。

本当の友だちと呼べる人がいない。

わたしはいつも一人……。

自分の居場所がない。


これって本当でしょうか？

誰とも関わらずに生きている人なんて存在しません。

誰かが助けてくれていることに気がついていないだけではないでしょうか？

周囲の人たちとの関係性を、もう一度見つめなおしてみましょう。

誰がどれだけあなたのために時間を使っているのか。

あなたから見えないところでも、誰かがあなたのために動いてくれているかもしれないのです。

そして、たまには外にばかり気を向けず、親や兄妹など身近な人たちとの関係にも気を配ってみましょう。

身内には連絡を取らない、あまり話をしない。これは〝甘えている〟ということではないでしょうか。


産んでくれた、育ててくれた親。

ケンカもたくさんしたかもしれません。

でも、いつどんなときでも、親は心配してくれています。

電話をすると、

「どうしたの？　珍しいわね。何かあったの？」

そんな挨拶からはじまるのは、何か問題が起こったときにしか連絡をしていない証拠。

嬉しいこと楽しいことがあった、もしくはなにもなくても、近況報告をすると安心してくれるはずです。

時間をかける優先順位を変えるだけで、人生はもっともっと豊かになっていきます。

第3章

片づけの先にある“なりたい自分”

あなたの心に、今パッと浮かぶ過去の思い出はなんですか？
楽しかったことや、嬉しかったことでしょうか？
それとも、辛かったことや、嫌な思い出ですか？

嫌な思い出は忘れようとしますから、それに関わるものを取っておいたりはしませんよね。
でも、楽しかった思い出は、「思い出の品と共に手元に残しておきたい。忘れないようにしたい」と思ってしまうもの。

そんな思い出の品に執着し、いつの間にか囚われてしまってはいませんか？
それがなくなると、思い出も消え去ってしまうようで捨てられない。
そうやって思い出の品は増えていきます。

でも、ものに執着する必要はありません。

思い出の品は整理できるのです。

ものがなくなっても、記憶はしっかりとあなたの心に刻まれます。

ものではなく、その記憶を大切にする。

そして、今この時を大切に過ごしてください。

両手を空《から》にして幸せの切符をつかむ！

これは日常生活や仕事、パートナーシップなど、どんなことにも言えるのですが、「何か違うぞ……（今この状況を脱したい！）」と思ったとき、どっちつかずの状況で人生を変えようと思っても、そううまくいきません。

幸運はあなたが今の状況をスパッと手放し、両手を解放したときにこそつかめる

ものです。

頭の中に〝いいイメージ〟を具体的に思い描き、そこに向かって行動を起こすことで、あなたの人生は着実に変わります。

では、なりたいイメージをつかんだら、具体的にどうやって行動を起こせばいいのでしょうか？

もしもあなたが「満足できない現状を脱する！」と心に決め、会社を辞めると決意したのなら、転職活動に勤しむのももちろん大事なことですが、それと同時に、周囲に〝退職アピール〟をしてみましょう。

まずは自分の身の周りから、そして少し機転を利かせて先輩まで、〝退職アピール〟をできるだけあちこちでしてみて下さい。ゴルフに行っても、ランチに行っても、飲み会に行っても〝退職アピール〟をするのです。

転職すらままならないこのご時世です。それならば、**周囲の人たちから味方につ**

けていきましょう。

不思議なもので、「仕事辞めたんですよ」と口に出して言ってみるだけで、ほとんどの人が「何かあなたに合ったいい仕事があれば、紹介できるんだけどね」と自然と味方になってくれます。

もっと言えば、頼まなくてもあなたの就活を世話してくれる人が現れます。

そこで重要になるのが、**あなた自身が魅力的であること。**

相談した相手がどんなにいい人でも、信頼できない、魅力的じゃないあなたを無責任に勧めることまではできません。

「きっとこの人は、紹介した分しっかりと期待に応えてくれる……」

あなたの人柄が信じられるからこそ、こういった縁が自然と舞い降りてくるわけです。

紹介を通じて憧れの職業に就いたのなら、紹介者に感謝すべく責任を持って仕事に励んでください。覚悟を決めて！

もしも**過去への執着や培ってきたスキルにとらわれているのなら、そんなものはスッパリと捨てること。**

もやもやしてなかなか決められないのは遠廻りです。

「転職先が決まったら、今の仕事を辞めよう……」

これも遠廻りかもしれません。

本気で転職を決めたら、スパッと辞めてみることです。

すべてを捨てて両手が空かなければ、せっかくめぐってきた運やチャンスはつかめません。

チャンスは片手ではつかみづらいのです。

両手をいっぱいに広げて自由にしておくことが、大きなチャンスをしっかりとつかむコツなのです。

いつどんなときに幸せへの切符が降ってくるか……。

自分の中でしっかりとしたビジョンを持ち、そこに近づくために、今の自分の状況を周囲に告知しましょう。

仕事に限らず「私、こんなところに住みたいの」、「こんな人と結婚したい」、「こんな人生を歩みたい」、そう語りましょう。

イメージし、それを周囲にアピールしていくことで、幸せへの切符をつかむチャンスが何倍にもなりますよ。

目覚まし時計が何個も必要なワケ

あなたは今、笑顔で仕事をしていますか？
何のために仕事をしているのかを考えたことはありますか？
「会社に行くとき、なかなか起きられない」と、目覚まし時計を何個も鳴らしてやっとの思いで起きている……。そんなつらい朝を過ごしてはいませんか？
あなたが、もしそうなら休日のドライブやデートに出かけるとき、スキッと目覚められるかどうかをチェックしてみて下さい。
どんなに朝早くても、ドライブやデートならすぐに目覚めることができる、という人は注意が必要です。もしかすると、笑顔で仕事ができていない可能性大です。

朝の目覚めは、仕事への充実感と大きくリンクしています。

この会社には向いていない、人間関係がうまくいかない。そんなストレスを抱えていませんか？　働き過ぎていないでしょうか？
肉体的に疲労し心の余裕がなくなると、困ったときや予期せぬトラブルに対応できなくなります。
仕事は7、8分目がちょうどいいのです。

特に今の若い女性は、働き過ぎていることに気づけないまま日々を過ごしている人が多くいます。すると、次第にいい仕事ができなくなり眉間のシワが増え、自然と頬もたるみ、**次第に笑顔から遠ざかった負の顔になってしまいます。**

だからこそ、自分は今どんな顔をしているのか、こまめにチェックしましょう。

不思議なもので、単純に疲れている顔をしているだけだったら、同僚は「大丈夫？」とあなたを気づかい、甘い物を差し入れてくれます。

この声掛けがなくなったときが要注意です。あなたはきっと、同僚が声もかけられないくらい怖くて険しい顔になっています。

ぜひともこの危機に、いち早く気づいてください。

以前、ある男性経営者に「あの一言で助かったよ……」と優しい笑顔で言われたことがありました。

「えっ？　私、何か言った？」と思うほど些細なことでした。

「そんな顔していたら、うまくいく仕事もうまくいかないよ！　もっと笑顔で仕事をしなきゃ」

どうやらそんなことを言ったようです。でもその後、自分の顔を久しぶりに鏡で見た彼は、「俺はこんなに険しい顔で人と会って仕事をしていたのか」と、自分でも感じたそうです。

今のあなたはどんな顔をしていますか?
もしも口角が下がっていたら、何が原因でそうなってしまったのでしょうか?
忙しさに流されず、一度立ち止まって考えてみてください。

完璧じゃなくてもいい

もう何か月もそうじをしていない……。そんな部屋をキレイにするには、時間も労力もたくさんかかります。

何をするにしても、**日常的に少しずつ進めていく習慣を持たない人は、「やるときは、やるよ！」と完璧を求める傾向があるようです。**そして、完璧にしようとするあまり、途中で諦めてしまうのです。

もし、あなたに完璧主義の傾向があるのなら、「できている部分を見る」ようにしてみてください。まだできていないところは、次にやればいいのです。

ある程度ゆるく考えてみてもいいのではないでしょうか？

完璧にとらわれず、やる気になった自分を褒め、おそうじする回数を増やします。いつもある程度は片づいている、埃っぽくない部屋。

これができるようになると、次の段階です。ある程度キレイにしていると、今度はやり残しているところが気になるようになってきます。

何ごとも完璧を求め過ぎると疲れてしまいます。

もちろん、手を抜いてもいいと言っているのではありません。**完璧であることに執着しない**ということです。

いつも**自分の力の80％くらいで、ものごとを進められるようにすると、余裕を持つことができます。**すると急な変更やリクエストに対応することもできるようになります。

〃完璧〃を目指し過ぎる人は、それが少しでも崩れたときに大きなストレスとなって、身も心もズタズタになってしまうような気がします。

「今のところ70％くらいかな？　それとも80％かな？」

そんなイメージをしておくと、心がスッと楽になります。

それくらいに思っておけば、**他人からの意見も素直に柔軟に受け入れられるし、伸びしろがあるので、いい方向へと進んでいけます。**

人生なんてそんなものなのです。

何ごとも〃そこそこ完璧〃くらいで、ゆとりを持って。

素直に受け入れられる柔軟さを大切にしたいですね。

〝誘い〟の波に乗って運を引き寄せる

誘いを受けたら断らず〝チャンスの波〟にうまく乗っていく。

これが、人生を思い通りの方向に舵を切る方法です。

お客様の中には、ビジネスを成功させている方も多いのですが、その人たちに共通しているのは、**チャンスの波が来たら必ず乗る**ようにしているということです。

チャンスはどんなカタチで来るのかわかりません。

だからこそ、お誘いがあれば乗ってみてチャンスに出会う可能性を高めているのです。

職を転々としてきた私ですが、実は仕事においても〝誘い〟を断ったことはあまりありません。

「ちょっと人手が足りなくて困っているイベント会社があるの。興味があるならやってみない？」

イベント会社の運営に携わったときにも、この「やってみない？」という誘いに乗ったのです。

その会社は、有名なモーターショーのブースの設営をしたり、イベント会場の設計をしたり、わりと手広く大きな仕事をやっていました。

私は経営に携わったのですが、初心者であるにも関わらず、すんなりその環境に溶け込んで、困ったことがあればスタッフや同業者の方に相談し、助けられながら運営することができました。

後に、手形回収による資金繰りがうまくいかなくなり、あえなく倒産してしまいましたが、この現場は、私にプロデュース力やお金の流れを教えてくれました。

次に「暇ならやってみない？」と誘われたのは、小さな広告代理店。

飛び込みの営業も不思議と苦にならず、知らない人と会話することを楽しんでいたような気がします。

そこで培ったのは、営業力とコミュニケーションのスキルでした。


何ごとも面倒だと食べず嫌いせずに、今のタイミングでドンドン積極的に、誘いに乗りましょう。

朝は気乗りがしなかった誘いも、職場に行っていいことがあればテンションも上がり、

「何だか出かけたい気分になってきた」

そんな風に思えることもあるでしょう。そんなときに張り切って出掛けられるようにテンションのあがる服を一着、会社のロッカーに入れておいてもいいかもしれません。

不安を打ち消し、誘いを断らずに〝チャンスの波〟にうまく乗っていけば、きっとあなたに多くのものを運んでくれるはずです。

自分の興味のアンテナが少しでも動いたら、多少腰が重くても、**〝誘いはチャンス〟とイメージし、積極的に外へ出かけましょう。**

真の八方美人になる！

みんなに平等に〝福〟を与えられる……。そんな〝真の八方美人〟は素晴らしいと思います。

ステキなものをみつけたら素直に褒めて、相手にＨａｐｐｙを与えましょう。

ステキな靴を履いていたら、「その靴かっこいいですね！　今シーズンのものですか？」と声をかけてみます。

褒められた人は、親切にブランド名や値段まで教えてくれるし、自分のセンスを褒められているのだから、決して悪い気はしない。

さらには、その会話がきっかけで、お互いが笑顔になります。人との出会いや関わりとは、そんな単純なことからかもしれませんね。

でも、あちらこちらで言うことをコロコロと変えて、人を不幸にするのはダメ。これは〝真の八方美人〟とは呼べません。

周囲の人を不幸にすると、負が連鎖し自分に返ってきます。

なぜなら、目には見えずとも、周囲の人間関係や仕事、友達や家族も含め、人類はすべて根っこの部分でつながっているからです（映画『アバター』を観てみるとわかりやすいかもしれません）。

自分だけが幸せなつもりでいても、周囲の人が不幸であれば、その土台は腐っているのと同じです。

ですから、その幸せはきっと長くは続きません。
どこかでその腐敗に気づき、補修する必要が出てくるはずです。人間関係は家づくりと一緒なのだと思います。

周囲の人が不幸だと、当然自分も不幸な話ばかり聞かされることになります。そうなると自然とモチベーションも下がり、嫌なことばかり思い出すようになります。顔にも負が現れ、口角は下がっていきます。

もしも**自分が幸せだと感じたら、その先の人間関係をイメージし心の余裕を持って、周囲の人と分かち合いましょう。**
そうすることができる〝真の八方美人〟になることをおすすめします。

腐れ縁は切る

それぞれタイミングは違いますが、誰にでも1度や2度は、人生においてグンとステップアップする、成長する瞬間が訪れます。

そういうときに、自分のステップアップを躊躇させる友だちや知り合いが出てきて、思い悩む人もいるかもしれません。

また、**スタートは同じでも、向上心があり人生を前向きに考えている人とそうで**

ない人では結果が違ってきます。気づくことや考え方、感じ方も違うのですから、**ただ羨ましがっている人にはなってはいけません。**

友だちの中にも当然ながら、「何か違うな……」と感じる人もいるでしょう。あなたにとって本当に必要な人は、あなたがステップアップしようとしているとき、それを妨げるようなことはしません。

むしろ「頑張って！　応援しているよ！」そう、背中を押して見守ってくれる人です。

苦しいときに傷をなめ合うのも友だちなのかもしれません。

でも、**苦しいときこそあなたを奮い立たせてくれるような厳しい友だちが、あなたを高めてくれるはずです。**

どうか相談する相手を間違えないでくださいね。

そんな厳しさを乗り越えてこそ、あなたはステップアップしていくのです。

携帯電話の連絡先データを間違って消してしまったことがあります。

付き合いの長い友人知人のデータです。ですから、今はかかってきた電話やメールを登録して対応しています。

でも、何とかなるものです。

どこかで何となく交換したメールアドレスや電話番号は全部なくなり、ある意味とてもすっきりした気がします。

ただ知っているだけのデータは、必要ないことを実感しました。

第4章

“なんにもない”豊かさに気づく

〝なんにもない〟とは、〝余裕がある〟ということです。

ものがなくなれば、空間ができます。

お気に入りのものや、本当に必要なものだけしかない部屋……。

こじれた人間関係も、あなたが見方を変え、

周りの人の幸せを願っていれば、

幸せな関係で満たされます。

お金も必要なときに必要な分だけであれば、

相続争いをする心配も、

大金をだまし取られる心配もありません。

ですから、先を心配しすぎて貯め込む必要はありません。

お金は豊かな生き方をするための道具なのです。

家の中に余計なものがなく、スッキリしていると心が落ち着きます。
リラックスすれば、頭の中が整理され、
悩みや問題とじっくり向き合い、
解決策が浮かんだり、悩んでも仕方がないことに気づきます。

今できることを楽しみ、喜んで行動できれば、
自然と豊かな人生になっていくのではないでしょうか。

お金を旅に出す

そもそもお金というものは、つまらぬ見栄や建前で使うのではなく、ステキな時間を過ごすために使うものだと思います。

もし、あなたにある程度の余裕や経済力が備わったとしたなら、そのことに**感謝をし、いつでも気持ちよくお金を手放しましょう。**

お金にも遊びが必要です。

お金が廻るということなのでしょう。**気持ちよく使うと友だちを連れて戻ってきます。**

たとえば、あなたにお金の余裕があったとして、経済的に困っている友だちから、お金を貸してほしいと頼まれたとしたら、あなたはどうしますか？

あなたが**損得勘定なしで使ったお金は、きっと友だちを連れて戻ってきます。**

これが、世の中のルールのようです。

私自身が経験した例を紹介しましょう。当時はバブル全盛期。知人に「150万円貸して欲しい」と言われ、指輪を売って150万円を用立てました。既に別れてしまっていた彼からもらった、800万円の大きなダイヤの指輪でした。

その知人は、「代わりに会社の持ち株を3千株譲る」と言ってくれました。口約束でしたが、1株500円位だったように記憶しています。それから1年くらいしてその会社が上場し、1株1万5千円くらいに値上がりしたのです。4千5

00万円くらいになったということです。これには本当に驚きました。

バブル時代ということもあり、現在に当てはめることは難しいかもしれませんが、お金やものに執着しなかったから、お金が有効に働いてくれたと考えられないでしょうか。これは誰も損をしていません。みんなが幸せになったのです。

私のところにお金が友だちを連れて戻ってきました。
戻ってきたお金もまた、何度か旅に出ました。
そのまま行方不明になったお金もいました。
でも、やはり私のところにお金が友だちを連れて戻ってきました。

お金の問題だけに限らず、**今自分ができることをしましょう。**

もちろんこれは、あなた自身にそれだけの余裕があることが大前提です。

お金は、自分が今必要な分だけあればいいと思いませんか？

もしも余裕があれば**お金に旅をさせる気持ちで、早く帰ってこいと心配しない程度に旅をさせましょう。**

〝出世払い〟という言葉がありますよね。それくらい長い目で見て応援し、旅先で楽しんでいるんだ、頑張っているのだと考えるのです。

相手が本当に頑張って返してくれたらすごく嬉しいし、「あの時役に立ったのだ！」と喜べます。

「返してもらえないかもしれないのに、なんで助けなきゃいけないの？」

そう思うのは当然かもしれません。

でも、もしもあなたが反対の立場だとしたら、そのとき自分を信じて、助けてくれた人をないがしろにするでしょうか？

借りた方も返したくてもなかなか返す余裕ができないかもしれません。

その事情を察して陰ながら応援しましょう。

でも自分にも借金があるのなら、他人に貸す必要はありません。

余裕の部分でできることをする、その気持ちが大切です。

そんな風に考えて行動していると、ふと思いもよらぬところで、自然とお金が入ってくるものです。

会社で昇給したり、思わぬ臨時収入があったり、競馬で大穴を当てたり宝くじが当たったり……。お金でなくとも、自分の人生が大きく変わるような人との出会いが訪れたりします。

そのときこそ、よく思い出して下さい。**「あのとき旅に出たお金が戻ってきたんだ」**そう考えることもできるはずです。

ここでも〝イメージする〟ことが大切です。

出て行く道と帰り道は、必ずしも同じではありません。


お金は思いもよらぬカタチでちゃんと戻ってきます。

経験上いつも友だちを連れてきます。

相手に善意の気持ちは残っていると思います。いいことしかありませんね。

いつもお金が旅に出たり戻ったり、出入りが激しい……。それでも何とか、なるものです。

家族が喜ぶお金を使う

生活費はケチらずに使い、ものを見る目を養いましょう。家電や家具など、毎日使うものや長く使うものは、少々贅沢してもいいと思いませんか？

さらに言えば、直接肌に触れる肌着や布団などは、少々贅沢をした方が気持ちいいものです。着心地や肌触りがいいものを選ぶと、贅沢な気分を味わえます。

「1日のうちに、何時間これを身につけて過ごすのかな？」

そうイメージすると、少々高いものを買っても充分に元が取れると気づけます。

お金が喜ぶのは、気持ちよく使ってもらうことです。

ですから、お店イジメのように値切りを強要したり、お札をくしゃくしゃにしたりしないようにします。そうでないとたくさん入ってきても、逃げてしまう気がしませんか？

家電や家具を選ぶ場合は、**使う人みんなにとって使い心地の良いものを選びましょう。**

自分だけ喜んで、家族にとっては使い勝手が悪かったり、あまり使ってもらえなかったりしては意味がありません。家族も喜んで、自分も嬉しいものを選びましょう。

もう一つ惜しまずに贅沢して欲しいのは旅行です。

旅行は普段なかなか感じられない家族の絆を感じるいいチャンスです。

旅先では、家族全員がストレスから解放されるので、自然と相手への思いやりが生まれ、日々の感謝の気持ちが伝わってくることもあります。

そして、ワンランク上のホテルや旅館に宿泊することは、子どもの情操教育にもつながり、経験としても残ります。

本物に触れ、マナーを学ぶ貴重な機会なのです。

リーズナブルなホテルに泊まる場合も、狭いとか、サービスが悪いなどと文句を言うのではなく、こんなに安く泊まれてよかったと**良い部分を見るようにしましょう。**

すると、**満足度が上がるはずです。**

それができないのなら、最初から値段で選ばないことです。

旅行して家に帰って、やっぱり家が一番落ち着くなあというのもいいですが、余裕のある旅をして、「また行きたいね」と思えるものにしたいですね。

小さな失敗で気づいて、大きな失敗を避ける

小さな失敗は誰にでもあることですが、「許してもらえてラッキー」、「これくらいで良かった」と流してしまうのはどうでしょうか？

失敗は、「自分がなぜこんな失敗をしてしまったのか？」を気づかせてくれるいいチャンスとも言えます。

ラッキーで終わらせず、**同じ失敗をしないように対処することが重要です。**

何ごとも失敗する可能性、問題となる可能性は多々あります。

失敗したくないがために、行動しないのではあまりにも消極的です。

万が一ミスが起きても最小限で収まるよう、また、次に起こらないように原因を追及する。

隠したりごまかしたりせずミスを認め、その原因を探り修正していく。

気づいたことを改善しなければ、せっかく小さなミスで終わったことが、やがて取り返しのつかない大きなミスに繋がります。


これに気づくと、**「小さなミスで済んで良かった」と、心から思えるようになります。**

食品偽装問題がいい例です。小さなミスを隠そう、ごまかそうとするから、最終的には取り返しのつかない大問題へと発展してしまいます。

これは、家事や育児についても言えることです。

炊いたご飯がおいしくないのなら、なぜ美味しく炊けないのか？　安いからと買ったお米が古かったのかな？　炊飯器が古くなったから？　お水の量？　と、原因は何なのか考えませんか？　自分なりにどうすれば美味しくできるのか試行錯誤するはずです。

一度の失敗でできない、苦手だと思わないでくださいね。

はじめから何でも上手にできなくてもいいのです。

みんな経験してうまくなるのだから。

みんな失敗したことは言わないだけなのです。何でもうまくできる人も、最初はきっと何度か失敗してうまくなったのだと思います。

経験した失敗の数々は、笑い話にしてみんなに聞かせてみてはいかがでしょうか。

欲を手放す

「欲しいものが沢山あるけど、お金が足りないな」そう悩む人たちは多いですよね。お金はないけど、あれも欲しいしこれも欲しい……。

でも、それは本当にあなたが欲しいものですか？

物欲が生まれたら、まずは〝ない〟に焦点を合わせるのではなく、クローゼットの中を見たり自分の持っているものを確認してみましょう。

きっと**「私って、こんなにものを持っていたの？」**と驚くはずです。

そして**「今買わなくても、いつでもどこでも何でも買える」**とイメージすることで今欲しいという気持ちもなくなります。

この2つをやってみると、人間の心理とは本当に不思議で、ほとんどの人は何も欲しくなくなるものです。

どんなものでも、代用できるものを既に所有しているのかもしれません。

一方で、「本当はシャネルのバッグが欲しいけど、高くて買えないから、似ているデザインのもので我慢しよう」と、手近なところで手を打つ人もいますよね。

でもそのお買いもの、本当に心から満足していますか？

シャネルのバッグを欲しがっている自分を作っているのは自分自身。根底にはそんな自分が存在し続けているのに、代用品で我慢できるわけがないのです。

本当に欲しいものは我慢せずに買うのが一番です。

満足感が違います。

ショッピングのドキドキを楽しみ、**そのアイテムによって自分が豊かになり、自分が好きになるのであれば、そこは我慢しなくてもいい**と思います。

自分が「本当に欲しい!」と思うかどうかを、買う前に一度、自問自答してみましょう。

満足のしかた

あなたは今、自分が満ち足りていると思いますか？
それとも満ち足りていないと感じますか？
日々充実しているのに「何か足りないのよね」と愚痴を言ってはお酒を飲む……。
そんな毎日を過ごしてはいませんか？

足りないものを探すのではなく、満たされていることに満足するよう切り替える

と、気持ちに余裕が出てきて、充実感を感じることができます。

「私は何でも持っている。贅沢な暮らしじゃないけど、ちゃんと生活できているし友人もいる」

今の自分がいかに恵まれているかをイメージし、自分自身に満足しましょう。

問題がないからといって、あえて波風を立てる必要はありません。

何か問題がないと、刺激がない、暇だと感じてしまうのは、ストレス中毒になっているのではありませんか？

自分の中にストレスがないことが一番大切です。

そんな自分は今、とても幸せで満ち足りている状況なのです。

どうぞ平穏な日常を不満に思わず、今の幸せをかみしめてください。

幸せを感じるための基本は、平穏な日常の上に形成される満足感です。

つまらない見栄はいらない

本来、**〝お金は必要なときに必要なだけ手元にある〟**はずです。

あなたの夢が本物だったり、生活のためだったり、見栄や物欲のためでないのなら、**本当に必要なお金はあなたの元に必ずやって来ます。**

お金は、生活するため、楽しむため、人を喜ばせるため、したいことするためには必要なものです。

そして私たちは、そのお金を得るために、自分が今するべきこと、できることを精一杯することが前提です。

毎日頑張って向上しようとしているあなたにとって、つまらない見栄やプライドは邪魔になるだけなのです。負けず嫌いから、つまらない見栄を振りかざす人は、滑稽に映るものです。まるで裸の王様ですね。

でも、どうせ見栄を張るのならば、その見栄を最後まで張り通してみてもいいとも思います。

見栄を張ってしまったのなら、それを明確にイメージしながら自分を向上させ、**実際にその生活が送れるような自分になればいいのです。**

最初は見栄からはじまったことでもやがては真実になる。それはかっこいいですね。

見栄を張るのならば、それくらいの覚悟が必要です。

自分の価値観と他人の価値観を比べない

年収2千万円でもまだまだ足りない人もいれば、年収400万円で豊かに暮らせる人もいます。

他人がいいと思うことでも自分がいいと思うかどうかはわからない。

仕事も恋愛も結婚も、**自分が「いい！」と思えばそれでいい**のではないでしょうか。他人に合わせる必要はないと思いませんか？

幸せの基準は人それぞれ。どんなに年収が高くても、心が豊かでなければ真の幸せを感じることはできないでしょう。物欲が満たされるだけかもしれません。


収入が低くても元気で明るく人間関係は良好。

本当に必要なものがわかっていて時間も十分にある。

そんな人は心に余裕があり、幸せが寄ってくる人です。

逆にお金があっても心が豊かでないと、お金に操られ、危険な人物が寄ってくるものです。


そうは言っても、決してお金が悪いものだということではありません。

ただ、目的もなく必要以上に欲しがったり、自分の欲を満たすためだけだったりすることに問題があるのかもしれません。


大切なのはあなた自身の価値観です。

他人と比べても仕方ありません。

自分の心が満足しているかどうか、そして**今の自分が〝幸せだ〟と感じられるかどうかが重要なのです。**

おわりに

あなたが今欲しいものは何ですか？

あなたにとって必要なものは何ですか？

ものを買っても、欲しいものを手に入れても、まだ満足できませんか？

片づけやそうじが苦手な人、何度やってもリバウンドしてしまう人に、本書を読むことで、**〝ものごとを別の角度から見る〟**ということを知ってもらえたら……。

そう思って、私は本書を執筆しました。

本書は、あなたが**〝思い通りの人生を歩むための知恵〟**の一部を紹介したに過ぎません。これをきっかけに学びを続けることで、**〝本当の満足〟を得られるようにな**

ると思います。

単純に片づけられないことだけにとらわれず、仕事や人間関係、日々の暮らし方、お金の使い方などと改めて向き合っていくと、**心の問題も一緒に片づきはじめます。**

一つ気がつくと簡単に〝**すべてがつながっている**〟**ことが、理解できるはずです。**

そして**満足した心が〝執着心や欲を捨てる〟助けをし、相乗効果で幸せを感じる力がアップします。**

地球に、日本に生まれ、生きていること。

たくさんの人に助けられて支えられていること。

無償のエネルギーを受け取っていること。

この世のカタチあるものより、**見えないもの、カタチのないものを大事にする気持ちが持てるようになれば、世の中のものの本当の価値が分かるようになります。**

〝足りない〟ように感じるのは、思い込みにしか過ぎません。

いろいろなものを十分すぎるほど持っていることに気づけば、あなたの毎日は、本当に満たされたものになると思います。

あなたは生まれたときから、必要なものはすべて持っているのです。

そんな幸せを、あなたに気づいてもらえるお手伝いができましたら幸いです。

川端秀美

川端《かわばた》 秀美《ひでみ》

有限会社サマンサ 代表取締役社長

1959年和歌山生まれ。エステティシャン、金融系企業でのテレフォンアポインター、広告代理店の営業、銀座の高級クラブでのホステスなどを経験した後、イベント施工会社を運営。通信系企業の店舗開発などの異業種も経験し、経営者としての基礎を学ぶ。

2005年に家事代行サービスを行う有限会社サマンサを起こす。クライアントの自宅やオフィスの片づけ、掃除を10年以上行うなかで、「モノを減らし、身の周りを片づけ・整える」ことが、人の心の在り方、人生の方向性にまで影響を与えると実感。現在、多くのクライアントへの家事代行サービスだけに留まらず、「モノの考え方・捉え方を変え、人生をより良く楽しくする」アドバイスにも力を入れている。

本書が初の著書となる。

◉有限会社サマンサ
〒150-0043
東京都渋谷区道玄坂1-15-3 プリメーラ道玄坂711
TEL／03-6277-5797
HP／http://www.maid-samansa.com/

カバーデザイン：小松学（ZUGA）
本文デザイン：土屋和泉
DTP：横内俊彦
編集協力：蓮池由美子
カバー写真：iStockphoto.com ／ horiyan

何にもない豊かな生き方

2015年12月7日　初版発行

著　者　川端秀美
発行者　野村直克
発行所　総合法令出版株式会社
〒103-0001　東京都中央区日本橋小伝馬町15-18
ユニゾ小伝馬町ビル9階
電話 03-5623-5121

印刷・製本　中央精版印刷株式会社

ISBN 978-4-86280-481-5
総合法令出版ホームページ　http://www.horei.com/